T0113014

MIS MEJORES PENSAMIENTOS

ANTONI BOLINCHES

MIS MEJORES PENSAMIENTOS

Aforismos, reflexiones
y definiciones muy personales

URANO

Argentina - Chile - Colombia - España
Estados Unidos - México - Perú - Uruguay

1.ª edición Marzo 2023

Plaza de los Reyes Magos, 8, piso 1.º C y D – 28007 Madrid
www.edicionesurano.com

ISBN: 978-84-17694-96-8
E-ISBN: 978-84-19413-71-0
Depósito legal: B-1.156-2023

Fotocomposición: Ediciones Urano, S.A.U.

Impreso por: Rotativas de Estella – Polígono Industrial San Miguel Parcelas E7-E8
31132 Villatuerta (Navarra)

Impreso en España – *Printed in Spain*

A los sabios conocidos y a los sabios anónimos.

A quienes ponen su inteligencia al servicio
del bien común.
A quienes aprenden de lo malo para volverse buenos.

A mis seres queridos presentes y ausentes.

A los grandes aforistas * *de la historia*
en agradecimiento por lo mucho
que sus pensamientos han facilitado los míos.

---

* Propongo la creación de este neologismo en honor a Don Miguel de Unamuno que cuando utilizaba una palabra que no figuraba en el diccionario y alguien se lo hacía notar, el respondía: «¡Ya la pondrán!»

ÍNDICE

BREVE AUTOBIOGRAFÍA

Nací en Barcelona en 1947 en el seno de una humilde familia del barrio de Sants. Viví una infancia feliz en una casa con patio y en unas calles sin coches hasta que a los catorce años empecé a trabajar de botones en el Banco de Vizcaya.

Tenía poca formación, ninguna vocación, muchas inquietudes y algunos complejos que fueron creciendo a medida que mi estatura y mi vida se estancaban en una carrera bancaria que me mantenía sentado. Tuve algunos amores frustrados y varios realizados, hasta que a los veinticinco años me convertí en padre sin estar preparado y decidí prepararme para ser un buen padre. Empecé a estudiar psicología en la Universidad de Barcelona y di un giro radical a mi existencia cambiando el banco por las bambalinas. Fui actor pretencioso sin éxito, guionista cinematográfico inédito y autor de obras de teatro cabaret que tuvieron éxito porque no tenían pretensiones.

A los treinta años obtuve la licenciatura en Filosofía y Ciencias de la Educación, después realicé un Máster en Sexualidad Humana y por último cursé las asignaturas de Doctorado y presenté la Tesina de Licenciatura que me permitió obtener el Grado de Licenciado en Psicología. Desde entonces me dedico a aplicar lo aprendido en el ámbito docente, divulgativo y terapéutico.

Ha habido cinco mujeres importantes en mi vida. De la primera fui su hijo. Con la segunda tuve mi hijo. Con la tercera hice de padre sin tener hijos. Con la cuarta estuve bien sin hacer de padre ni tener hijos. Y con la quinta cuidamos de mi nieto como si fuera un hijo.

He procurado crear, amar, trabajar, estudiar y divertirme en la proporción justa para no perjudicar a ninguna de las cinco actividades. Mis grandes aficiones son la literatura, el cine y las frases hechas, y mi primer refuerzo narcisista como escritor lo obtuve a los catorce años al ganar un premio en el concurso de cuentos de mi escuela con una narración titulada *Viaje a la Luna*.

Desde entonces han pasado muchas lunas y muchos soles, y durante ese tiempo me han ocurrido muchas «cosas» que adecuadamente asimiladas, son las que me han permitido escribir diez libros de autoayuda y esta antología de pequeños pensamientos en la que intento resumir mi visión de la realidad que me ha tocado vivir desde la atalaya de los setenta y cinco años, y antes de que la edad me haga perder la perspectiva.

El autor,
en Barcelona, una mañana de febrero
del año 2023

MENSAJE A LOS LECTORES

Empecé a idear y a recopilar aforismos a los dieciocho años y todavía recuerdo el primero que «inventé» en aquella época de incipiente creatividad, en la que me atreví a definir la vida como «un paréntesis en la inexistencia». Ahora, casi sesenta años después, creo que ese paréntesis lo he ido llenando de enriquecedoras experiencias que me han servido de base para desarrollar mi afición más constante y productiva: *sintetizar ideas que contribuyan al aprendizaje vital y al mejoramiento personal.* Por eso, durante mi ya larga trayectoria profesional, cada vez que leo o escribo un libro, doy una clase, o imparto una conferencia, voy reteniendo en la memoria, o anotando en un pequeño cuaderno, los juegos de palabras que se me van ocurriendo sobre la vida y las personas, aunque mis momentos de mayor creatividad son cuando me voy a dormir, o cuando me levanto por la mañana.

Calculo que, por todas esas vías he llegado a crear unas 20.000 máximas, aunque evidentemente, mi propia capacidad autocrítica ha hecho que eliminara la mayoría de ellas de mi base de datos, y que solo una pequeña parte se transformaran en los aforismos, reflexiones y definiciones que forman el cuerpo de este libro. Por tanto, aquí tenéis el resultado de esa selección de mensajes psicológicos concebidos para estimular el intelecto y tonificar el sentimiento. Y puesto que esa ha sido la intención de esta antología espero que, ahora al leerla, sintáis que parte de las cosas que digo os resultan de utilidad, porque eso indicará que el trabajo realizado ha cumplido su función.

INTRODUCCIÓN TEMÁTICA

Como acabo de comentar, a lo largo de mi vida he dado forma escrita a unos veinte mil pensamientos propios. Quizá puedan parecer muchos pero, si hacemos una pequeña operación matemática, veréis que no son tantos, puesto que si los dividimos por todos los días de las casi seis décadas que llevo haciéndolo, el resultado productivo es de una cita diaria. Si a eso añadimos que mi propio criterio de selección ha hecho que solo considere dignas de ser publicadas una mínima parte, os será fácil llegar a la conclusión de que mi intención no es cansaros con muchos pensamientos sino estimularos con unos pocos.

Esa es la pretensión de una obra que se ha ido fraguando sin prisa pero sin pausa, desde los días de mi juventud hasta los años de mi vejez, y que he decidido publicar ahora antes de que mi creatividad se estanque y mi capacidad de selección entre en regresión. Por tanto, desde mi condición de terapeuta, profesor y escritor humanista os hago llegar mis pensamientos sobre las cuestiones que habitualmente trato en psicoterapia y divulgo en mis libros de autoayuda, clasificados —tal como consta en el índice— en cinco grupos temáticos. Los dos primeros están relacionados con mi actividad profesional. El tercero y el cuarto versan sobre la vida, el transcurrir del tiempo y la compleja sociedad que nos ha tocado vivir. Y el quinto aporta un conjunto de definiciones que sirven para fijar la significación y apoyar los contenidos de las principales ideas-fuerza de los aforismos y reflexiones.

Espero haber acertado en la elección y confío que mi criterio sobre los que yo considero *mis mejores pensamientos* sea válido para vosotros, en el sentido de que los encontréis dignos de ser leídos y merecedores de ser tenidos en cuenta.

1

AFORISMOS Y REFLEXIONES

—SOBRE EL AMOR, LA PAREJA Y LA SEXUALIDAD—

Los argumentos que sirven de base a los aforismos y reflexiones que componen este apartado están inspirados y desarrollados en tres de mis libros más conocidos: *El arte de enamorar*, *Sexo sabio* y *Amor al segundo intento.* Junto a esa materia prima y como fuente de conocimiento fundamental, también mi actividad profesional ha jugado un papel determinante, puesto que me ha permitido enriquecerme con las opiniones de las miles de personas con las que he mantenido contacto e interacción. Por tanto, quiero darles las gracias a todas ellas porque, sin lo que aprendimos juntos, yo sabría menos.

✍ A las mujeres lo que las enamora es que no lo intentes.

✍ Amar es renunciar a las personas que te gustan por respeto a la persona que quieres.

✍ Amor no consumado, amor idealizado.

✍ Casarse de joven suele resultar un error y casarse de mayor suele ser innecesario.

✍ Conviene aparejarse por afinidad, no por necesidad.

✍ Cuando el amor te deja tú te encuentras y cuando tú te encuentras el amor ya no te deja.

- ✍ Cuando el deseo no se mantiene la erección no se sostiene.

- ✍ Cuando ha de decidir el corazón, mejor que decida la cabeza.

- ✍ Cuando la pareja quiere cambiar a la persona ha llegado el momento de que la persona cambie de pareja.

- ✍ Cuando participas en un trío debes asumir el riesgo de quedar convertido en espectador.

- ✍ Cuando tienen un conflicto de pareja los hombres quieren pasar página y las mujeres quieren leerla.

- ✍ Cuando una persona se enamora de sí misma es que no tiene buen criterio.

- ✍ Cuando uno sufre demasiado por amor es que anda escaso de autoestima.

- ✍ Cuanto más celoso eres, más te engañan.

- ✍ Cuanto más fuerte es su miembro viril, más débil es el hombre.

- ✍ Cuanto más moderas tus defectos más progresan tus afectos.

- ✍ Cuanto menos lo necesitas más te quieren.

- ✍ Dice mi experiencia que el amor nunca será una ciencia.

- ✍ Dos es una dicotomía, tres es una elección.

- ✍ El amor desposado es amor reposado.

- ✍ El amor es una flor que nace en el campo, pero debe cultivarse en el jardín.

- ✍ El amor es una necesidad que la sociedad ha transformado en sentimiento.

✍ El amor más interesante es el amor desinteresado.

✍ El amor no hace falta que sea simétrico pero debe ser recíproco.

✍ El amor no tiene edad pero las personas si, por eso no podemos amar siempre de la misma manera.

✍ El amor sabio guarda sus secretos en el armario.

✍ El apremio no tiene premio.

✍ El arte de enamorar es el arte de mejorar.

✍ El cibersexo es sexo seguro, pero no estoy seguro de si es sexo.

✍ El coito es una metáfora perfecta de la relación amorosa ideal: se juntan porque quieren y se mueven a su gusto.

✍ El deseo es fácil de tener pero difícil de mantener.

✍ El divorcio ahorra muchos crímenes.

✍ El enamoramiento empieza cuando quieres conocer a una persona y acaba cuando ya la conoces demasiado.

✍ El enamoramiento es calor y el amor calidez.

✍ El hombre es infiel porque quiere y la mujer porque ya no quiere.

✍ El matrimonio es la etapa menos sexual de la pareja.

✍ El matrimonio puede ser para toda la vida pero no hace falta que sea con la misma persona.

- ✍ El mejor afrodisiaco es estar enamorado.

- ✍ El primer amor se recuerda más por primero que por amor.

- ✍ El secreto de un buen matrimonio es casarse con el otro sin divorciarse de uno mismo.

- ✍ El sexo de la juventud es elemental y el de la vejez mental.

- ✍ El sexo de la pareja estable es pulsional pero no es pasional.

- ✍ El sexo y el matrimonio no siempre casan bien por eso se separan tantas parejas.

✍ El tamaño del pene no es importante, el problema es que tanto los hombres como las mujeres opinan lo contrario.

✍ En cada corazón hay espacio para más de un amor.

✍ En el amor es más fácil encender el fuego que mantener la llama.

✍ En el amor maduro se disfruta de la presencia sin sufrir la ausencia.

✍ En el amor no puedes hacer que te quieran pero puedes hacerte querer.

✍ En el amor siempre manda más quien menos ama.

✍ En el amor, cuanto más necesitas menos te dan.

✍ En el sexo cansan más las mismas manos que las mismas caricias.

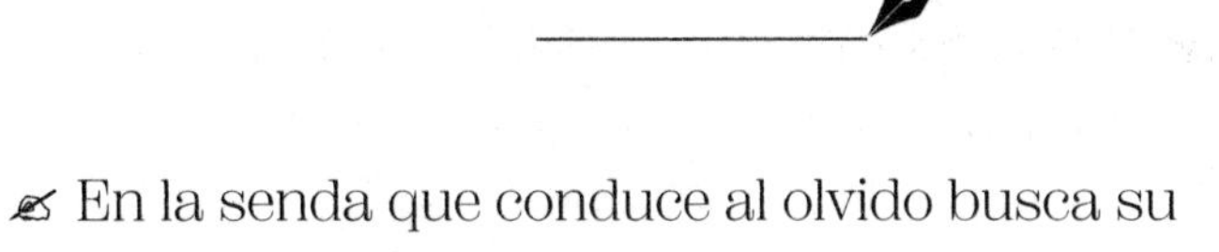

✍ En la senda que conduce al olvido busca su paz el corazón herido.

✍ En la terapia de pareja no siempre recuperas a la pareja pero siempre te recuperas tú.

✍ En sexo es mejor una buena aficionada que una buena profesional.

✍ En sexo no has de practicar todo lo que te gusta, pero te ha de gustar todo lo que practicas.

✍ En sexo, ni fuerces ni te esfuerces.

✍ En sexualidad aceptar que no funcionas ayuda a que puedas funcionar.

✍ Es difícil ser feliz sin tener pareja, pero todavía es más difícil encontrar pareja sin ser feliz.

✍ Es más fácil tener hijos que ser padres.

✍ Es preferible deseo sin relación que relación sin deseo.

✍ Hay matrimonios que son felices muchos años gracias a sus respectivas infidelidades.

✍ Hay mujeres que se casan más por la boda que por el novio.

✍ Hay parejas que están muchos años juntas porque viven separadas.

✍ Hay personas que le quitan la personalidad a su pareja y luego la dejan porque no la tiene.

✍ Hay personas que tienen tanto miedo a perder el amor que nunca lo encuentran.

✍ Hay relaciones que no se explican y otras que no se pueden explicar.

✍ La ausencia puede regenerar el deseo de presencia.

✍ La cabeza del hombre nunca manda sobre el pene: cuando es joven no puede controlarlo y cuando es viejo no consigue levantarlo.

✍ La clave del amor armónico es convertir el sexo contrario en complementario.

- ✍ La convivencia es un monóculo que solo aumenta el tamaño de los defectos.

- ✍ La convivencia facilita el sexo pero dificulta el deseo.

- ✍ La enfermedad del amor en la cama se cura.

- ✍ La estabilidad es rutina bien llevada.

- ✍ La felicidad de la pareja tiene tres grandes secretos: aprender a elegir, aprender a construir y aprender a corregir.

- ✍ La fidelidad es un valor moral y la infidelidad una tendencia natural.

- ✍ La habitación del amor debe tener una cama y dos baños.

- ✍ La infidelidad no debe cometerse ni confesarse.

- ✍ La mejor alternativa a la pareja es una pareja mejor.

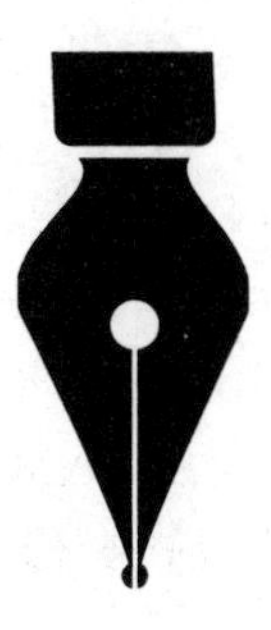

- ✍ La mejor manera de enamorar es no intentarlo.

- ✍ La mejor manera de seducir es seducir a tu manera.

- ✍ La mujer es el sexo débil fortalecido y el hombre es el sexo fuerte debilitado.

- ✍ La pareja con el tiempo se transforma o se trastorna.

- ✍ La pareja conviene que sea estable pero no es bueno que sea estática.

- ✍ La pareja es cosa de tres: el hombre, la mujer y la madurez.

- ✍ La pareja funciona mejor con refuerzos que con esfuerzos.

- ✍ La pareja no puede funcionar solo con sexo, pero tampoco sin sexo.

- ✍ La pareja que dura es la pareja que madura.

- ✍ La pareja suele durar más tiempo que el amor.

- ✍ La primera infidelidad puede inmunizar pero la segunda empieza a crear tendencia.

- ✍ La ventaja del sexo telefónico es que mientras lo practicas nunca pierdes la comunicación.

✍ La vida sexual del hombre es injusta. Cuando puede no sabe y cuando sabe ya no puede.

✍ Las lecciones que aprende la razón no son suficientes para el corazón.

✍ Las mujeres bellas son un peligro para sí mismas.

✍ Las pasiones que duran son las moderadas.

✍ Las personas dominadoras suelen llamar dominantes a las que no se dejan dominar.

✍ Las personas más celosas no son las que más quieren a su pareja sino las que menos se quieren a sí mismas.

✍ Las personas que enamoran son las personas que se mejoran.

✍ Llamamos amor puro al amor sin sexo, y llamamos sexo puro al sexo sin amor.

✍ Lo malo de los sentimientos es que generan resentimientos.

✍ Lo que más afecta a la cabeza son los problemas del corazón.

✍ Los amores maduros no son los que atraviesan el corazón, sino los que se quedan dentro.

✍ Los amores que nunca mueren son los que no han vivido del todo.

✍ Los hombres adecuados para ser dejados son aquellos que no dan ni miedo ni lástima.

✍ Los hombres nunca están contentos con nada. Cuando encuentran una mujer que viste bien encima quieren que se desnude.

✍ Los hombres si no están mal ya están bien y las mujeres si no están bien ya están mal.

✍ Los narcisistas nunca tienen impotencia psicógena.

✍ Los pesimistas se enamoran pero no enamoran.

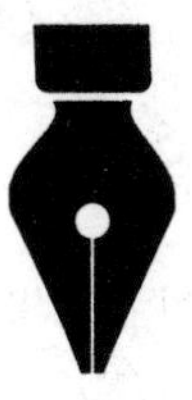

✍ Los primeros amores son amores primarios.

✍ Los relatos eróticos utilizan muchas conjunciones copulativas.

✍ Mientras amas con pasión no haces caso a la razón.

✍ Mientras los hombres buscan mujeres que ya no existen, las mujeres esperan encontrar hombres que todavía no existen.

✍ No castigues a tu pareja actual por cosas que te hicieron las anteriores.

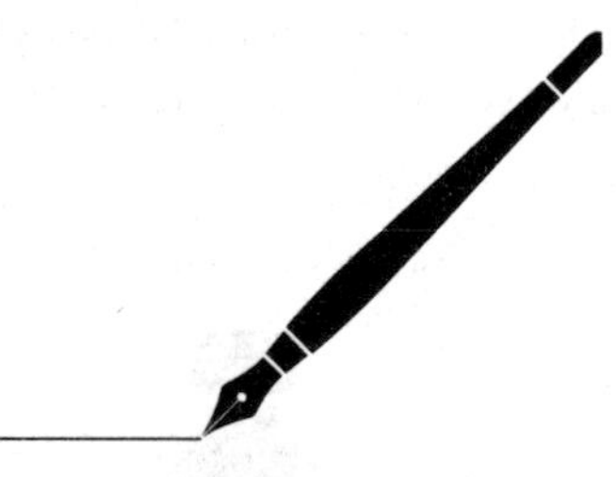

✍ No confundas una pareja para siempre con estar siempre con la pareja.

✍ No es cierto que a las mujeres les gusten los hombres sensibles, lo que ocurre es que les gustaría que fueran más sensibles los hombres que a ellas les gustan.

- ✍ No le digas nunca a una mujer que no eres digno de ella porque puede empezar a pensar que tienes razón.

- ✍ No puedes hacer que te quieran pero puedes hacerte querer.

- ✍ Para poder convivir hay que aprender a compartir.

- ✍ Para que un hombre y una mujer sean amigos no se han de gustar lo suficiente.

- ✍ Por amor puedes volverte loco, pero con amor te puedes curar.

- ✍ Por fortuna, el hombre, a medida que va perdiendo potencia, va perdiendo apetencia.

- ✍ Puede haber pasión sin enamoramiento pero no puede haber enamoramiento sin pasión.

- ✍ Quien aprende en el primer desengaño en el segundo no sufre tanto daño.

✍ Quien no encuentra la forma de quererse no encuentra la forma de enamorar.

✍ Si crees que el matrimonio es para siempre procura casarte de mayor.

✍ Si cuando dejas a tu pareja todo el mundo piensa que te ha dejado ella, es que eres digno de ser dejado.

✍ Si el éxito de tu pareja es un éxito para ti, la pareja tendrá éxito.

✍ Si la erección se va, déjala que ya volverá.

✍ Si no quieres que te engañen no preguntes.

✍ Si no te quieres no te quieren.

✍ Si quieres darte siempre no te des del todo.

✍ Si quieres gustar a las mujeres sal con una mujer que guste.

✍ Si quieres hacer disfrutar a una mujer déjalo en sus manos.

✍ Si quieres ser querido, no lo pidas ni lo impidas.

✍ Si te conviertes en una persona digna de ser querida encontrarás amores dignos de ser vividos.

✍ Si tienes varias novias has de tener varias memorias.

✍ Si tu pareja no disfruta contigo algún día disfrutará sin ti.

✍ Siempre que decides convivir en pareja asumes el riesgo de dejar o ser dejado.

✍ Tener éxito con las mujeres no significa tener suerte en el amor.

✍ Todo desamor empieza por una ligera falta de atención.

✍ Uno de los problemas del amor es que, donde los hombres ven un plan, las mujeres ven un proyecto.

✍ Vivimos en un tiempo en el que, cuanto más deseo tienen las mujeres, más miedo tienen los hombres.

✍ Volver loca a una mujer es fácil, lo difícil es que sea por amor.

2

AFORISMOS Y REFLEXIONES

—SOBRE APRENDIZAJE VITAL Y PSICOLOGÍA PRÁCTICA—

Las ideas que inspiran este apartado dimanan o son concordantes con mis siguientes libros: ***El Cambio Psicológico, La Felicidad Personal, Peter Pan puede crecer, El Secreto de la Autoestima y Tus 4 Poderes.*** El común denominador de todos ellos es mi creencia de que cada persona puede convertirse en terapeuta de sí misma, si es capaz de aprender de los malos momentos para convertirlos en lecciones de vida que contribuyan a su mejoramiento. Por eso, las citas incluidas pueden considerarse, a su vez, pequeños lemas terapéuticos susceptibles de convertirse en mensajes de autoayuda

que contribuyen a desarrollar la mejor parte de quien los lee, cuando éste decide aplicar los que considera adecuados.

- ✍ A la superación personal le conviene más un poco de pobreza que el exceso de riqueza.

- ✍ A quien todo le parece poco, es mejor no darle nada.

- ✍ A veces hacemos las cosas mal y a veces, lo que hacemos mal es no hacer las cosas.

- ✍ Aceptar la realidad nos ayuda a madurar, intentar cambiarla nos ayuda a crecer.

- ✍ Aparentar lo que no somos nos aleja de lo que podemos ser.

- ✍ Aplica todo lo que aprendes en todo lo que emprendes.

- ✍ Aprende de tus errores y no cometerás otros mayores.

- ✍ Asumir el riesgo del fracaso ayuda a dar el siguiente paso.

- ✍ Aunque los problemas puedan venir de fuera, las soluciones siempre se encuentran dentro.

- ✍ Aunque nadie sirve para todo, todos servimos para algo.

- ✍ Cada persona puede ser la mejor maestra de sí misma.

- ✍ Cada vez que expresas tu opinión sobre alguien, también estás informando sobre ti.

- ✍ Cada vez que intentas cambiar corres el riesgo de perfeccionar tus defectos.

- ✍ Cada vez que inventas una mentira, puedes estar creando una profecía autocumplidora.

- ✍ Cambia de ideas pero no las traiciones.

- ✍ Cambiar es vencer inercias y crear tendencias.

- ✍ Combate tus malas ideas con buenas acciones.

- ✍ Como cada uno se toma como referente de normalidad, todos somos raros para los demás.

- ✍ Como hay cosas que no podemos evitar, hemos de evitar las que podemos.

- ✍ Confía en la suerte y ponte a trabajar.

✍ Con pocas aspiraciones nunca son grandes las realizaciones.

✍ Conviene saber llevar lo que la razón te aconseja aceptar.

✍ Convierte tu mejor parte en tu mayor parte.

✍ Criticar a los otros no nos mejora a nosotros.

✍ Cuando aceptas el defecto superas el complejo.

✍ Cuando te haces la pregunta adecuada, encuentras la respuesta correcta.

✍ Cuando al cerebro gris le llega la nube negra, empieza la depresión.

- ✍ Cuando alguien es inteligente en algún momento se le nota.

- ✍ Cuando aparentas lo que no eres, es fingimiento social; pero cuando empiezas a ser lo que aparentas, es superación personal.

- ✍ Cuando aprendes a hablar contigo mismo ya no necesitas discutir con los demás.

- ✍ Cuando ayudas a alguien tú te sientes bueno y al otro le va bien.

- ✍ Cuando callas dices muchas cosas pero ninguna te perjudica.

- ✍ Cuando callas te cargas de razón o te cargas de tensión, decide tú la mejor opción.

- ✍ Cuando cierras los ojos empiezas a ver claro.

- ✍ Cuando cometes un exceso es porque necesitas compensar un déficit.

✍ Cuando confundes tus defectos con tu carácter, debes empezar a preocuparte por el carácter de tus defectos.

✍ Cuando descubres tus facultades, desarrollas tus capacidades.

✍ Cuando el lenguaje es pobre el pensamiento no puede ser rico.

✍ Cuando eres prisionero de tu afición tienes una adicción.

✍ Cuando exhibes tus virtudes anulas sus propiedades.

✍ Cuando haces lo que debes te conviertes en quien quieres.

✍ Cuando no encuentras tu camino te pierdes por los ajenos.

✍ Cuando no estás preparado para la respuesta no sabes hacerte la pregunta.

✍ Cuando no les cortan las alas, las personas también vuelan.

✍ Cuando no piensas lo que dices es cuando dices lo que piensas.

✍ Cuando se acepta la ignorancia se inicia el aprendizaje.

✍ Cuando te ocurren cosas que no esperabas puedes aprender cosas que no sabías.

✍ Cuanto más criterio tienes, menos necesitas opinar.

✍ Cuanto más te ocupas menos te preocupas.

✍ Cuanto menos crees en ti más idealizas a los demás.

✍ Cuida tus fuerzas y ellas cuidarán de ti.

✍ Cuidado con lo que reprimes, porque tarde o temprano te oprime.

✍ Cumplir con el deber también puede producir placer.

✍ De lo que ocurre entre dos nunca es responsable uno solo

✍ De tu manera de ser y tu manera de estar, depende tu bienestar.

✍ Dejarse llevar no conduce a ningún sitio.

✍ Del error aprende la verdad, del acierto solo la vanidad.

- ✍ Desde la debilidad se cede, desde la fortaleza se concede.

- ✍ Después de los peores días llegan los mejores momentos.

- ✍ Discutimos con los demás para convencernos a nosotros mismos.

- ✍ Donde las cosas se funden, las cosas se confunden.

- ✍ Donde termina la escalera del fracaso se encuentra la puerta del éxito.

- ✍ Educar es dar afecto y poner límites.

- ✍ El árbol que renuncia a sus raíces no puede dar frutos.

- ✍ El bienestar siempre es consecuencia del bien obrar.

- ✍ El deber es una obligación asumida libremente.

- ✍ El deseo de ser singular es una característica muy general.

- ✍ El error nos hace caer pero el aprendizaje nos levanta.

- ✍ El exceso de virtudes puede ser un defecto pero el exceso de defectos nunca será una virtud.

- ✍ El éxito necesita aprender cosas que solo enseña el fracaso.

- ✍ El hábito no hace al monje pero ayuda a tener fe.

- ✍ El hombre no es libre para desear pero es libre para decidir.

- ✍ El inconsciente es el lugar donde el pasado está presente.

✍ El pecado es un concepto religioso que te ayuda a detectar una culpa moral.

✍ El perdón no redime, lo que redime es la penitencia.

✍ El primer cliente de un terapeuta debe ser él mismo.

✍ El primer requisito para aprender es aceptar que no sabes.

✍ El que alardea de haberse hecho a sí mismo es que todavía no ha terminado la obra.

✍ El que no vive para algo ha de vivir para alguien.

- ✍ El reconocimiento de una incompetencia genera una competencia alternativa.

- ✍ El saber es conocimiento acumulado y la sabiduría es conocimiento asimilado.

- ✍ El silencio no iguala las inteligencias, pero encubre las diferencias.

- ✍ El sufrimiento es como una piscina en la que te ahogas si no aprendes a nadar.

- ✍ El tonto no es el que hace tonterías sino el que no sabe que las hace.

- ✍ Emplea el tiempo que te sobra en adquirir la sabiduría que te falta.

- ✍ En los momentos de soledad, encuentra la persona su identidad.

- ✍ En lugar de creer que eres mejor de lo que piensas, piensa en hacerte mejor de lo que eres.

- ✍ En toda mentira hay una verdad escondida.

- ✍ Entre el querer y el poder hay un camino por recorrer.

- ✍ Es bueno hacer lo que pensamos, pero es mejor todavía pensar lo que hacemos.

- ✍ Es difícil aceptar como cierto aquello que te produce desconcierto.

- ✍ Es necesario escuchar a los sabios pero primero debemos descubrir si lo son.

- ✍ Es preferible una mentira piadosa que una verdad despiadada.

- ✍ Escucha a la conciencia antes de hablar.

- ✍ Existe el libre albedrío, pero no es del todo libre.

- ✍ Gracias a nuestros defectos podemos reconocer los ajenos, incluso en quien no los tiene.

- ✍ Guardar las formas es una buena manera de mejorar el fondo.

- ✍ Hablar mucho facilita el hacer poco.

- ✍ Hacer las cosas sin querer te lleva a no querer hacerlas.

- ✍ Hacer te ayuda a ser.

- ✍ Hay ocasiones en que, sin la ayuda de los demás no puedes llegar a ser tú mismo.

- ✍ Hay personas que confunden la forma de ser con el deseo de no cambiar.

- ✍ Hay personas que cuando el psicólogo les dice que han de cambiar de vida, lo que hacen es cambiar de psicólogo.

- ✍ Hay personas que destacan por su sencillez.

- ✍ Hay personas que piensan lo que hacen y hay personas que hacen lo que piensan.

- ✍ Hay personas que porque son complicadas creen que son profundas.

- ✍ Hay personas que son modestas por soberbia.

- ✍ Hay personas que te ayudan gracias a las dificultades que te crean.

- ✍ Hay personas tan egoístas que solo empatizan con sus necesidades.

✍ Hemos de ponernos las pilas sin que se nos fundan los plomos.

✍ Integra bien lo vivido y nunca te sentirás perdido.

✍ Juzgamos a los demás en función de cómo somos nosotros, por eso nos equivocamos tanto.

✍ La adecuada asimilación de un mal puede producir un gran bien.

✍ La afición te hace eficiente.

✍ La calidad siempre surge de la cantidad, incluso en las ideas.

✍ La diferencia entre lo posible y lo imposible no siempre es discernible.

✍ La diferencia entre una persona buena y una mala, es que la mala se permite hacer lo que la buena solo se permite pensar.

✍ La educación nos instruye, pero solo el sufrimiento nos construye.

✍ La envidia es el plan de acción del inoperante.

✍ La envidia es la forma en que muestran su admiración las personas inmaduras.

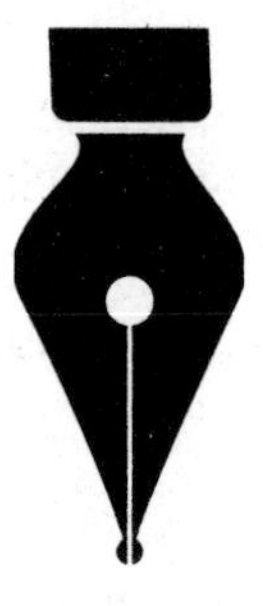

✍ La experiencia que sirve no es la anterior, sino la interior.

✍ La felicidad depende más de cómo vivimos las cosas que de las cosas que vivimos

✍ La felicidad que dura es la que se reparte.

✍ La felicidad tiene muchos caminos pero solo tres territorios: congruencia interna, realización personal y amor armónico.

✍ La humildad que sirve no es la que te guía sino la que te sigue.

✍ La ignorancia es autosuficiente, se basta a sí misma para mantenerse.

✍ La inteligencia la podemos utilizar para encubrir o para descubrir.

✍ La inteligencia que no se expresa no se expande.

✍ La inteligencia sirve de poco si no está orientada hacia algo.

✍ La intuición es la inteligencia del instinto.

✍ La mayoría de los sueños ayudan a dormir, solo unos pocos ayudan a despertar.

✍ La mejor crítica es la autocrítica.

- ✍ La mejor manera de favorecer un proceso es no forzarlo.

- ✍ La mejor manera de tener amigos es no necesitarlos.

- ✍ La mejor memoria es la que sabe olvidar.

- ✍ La paciencia ayuda a soportar pero no ayuda a decidir.

- ✍ La prepotencia casi siempre encubre la impotencia.

- ✍ La prueba de que todos somos egoístas es que todos detectamos el egoísmo ajeno.

✍ La seguridad nace de lo que uno hace.

✍ La seguridad y la madurez se encuentran en el mismo camino pero a cierta distancia.

✍ La suma de muchas pequeñas cosas siempre da un gran resultado.

✍ La superación del fracaso es la semilla del éxito.

✍ La terapia es para que el cliente crezca, no para que la agradezca.

✍ La timidez no es más que la expresión social de la inseguridad.

✍ La voluntad cuanto más la usas más te queda.

- ✍ Las cosas buenas se hacen gracias a la voluntad, las malas porque nos falta.

- ✍ Las cosas cuanto antes se dicen, mejor se dicen.

- ✍ Las personas grandes nunca te hacen sentir pequeño.

- ✍ Las personas inseguras ni siquiera tienen claro si lo son.

- ✍ Las personas maduras aguantan mucho pero no lo aguantan todo, precisamente porque son maduras.

- ✍ Las personas no rectifican porque son sabias si no que se hacen sabias al rectificar.

- ✍ Las personas no son infelices porque son malas, sino que son malas porque son infelices.

- ✍ Las personas se vuelven buenas cuando se sienten mal siendo malas.

- ✍ Las personas son fácilmente manipulables pero difícilmente moldeables.

- ✍ Las personas son más libres cuando dudan al hacer, que cuando hacen sin dudar.

- ✍ Las terapias son medicamentos sin receta.

- ✍ Lo bueno se busca, lo malo nos llega.

- ✍ Lo malo de los pensamientos agudos es que suelen ser punzantes.

- ✍ Lo que aprendes en cada fracaso te ayuda a dar el siguiente paso.

- ✍ Lo que hace mala a una persona no es su pensamiento sino su comportamiento.

- ✍ Lo que más ayuda de un consejo es decidir si lo sigues.

- ✍ Los caminos de la superación son la acción y la reflexión.

- ✍ Los niños que empiezan leyendo cuentos pueden acabar escribiendo libros.

- ✍ Los problemas, o se corrigen a tiempo, o se cronifican con el tiempo.

- ✍ Madurar es corregir defectos y evitar excesos.

- ✍ Mientras culpes a los demás de tus problemas no estará en tus manos la solución.

- ✍ Mientras el ignorante afirma el sabio duda.

- ✍ Nada gusta tanto como lo que sabe a poco.

- ✍ Nadie debería ser tan seguro como para prescindir de la opinión ajena, ni tan inseguro como para depender de ella.

✍ Nadie es tan hábil como para engañar permanentemente a su conciencia.

✍ Nadie puede ser salvado en contra de su voluntad.

✍ Nadie quiere ser como otro, todo el mundo prefiere ser él mismo mejorado.

✍ No desconfíes sin razón ni confíes sin motivo.

✍ No es bueno creer que no tienes capacidades, pero aún es peor creer que tienes capacidades que no tienes.

✍ No hay crecimiento sin sufrimiento.

✍ No hay grandes resultados sin grandes esfuerzos.

✍ No le digas a nadie que es susceptible porque puede enfadarse.

✍ No llenes de ilusiones tu cabeza, llena de cabeza tus ilusiones.

- ✍ No perdones tus errores hasta que aprendas de ellos.

- ✍ No podemos controlar los sentimientos, pero podemos controlar los comportamientos.

- ✍ No podemos ser los mejores en todo pero podemos ser mejores en todo.

- ✍ No puedes evitar que te critiquen lo que puedes evitar es que tengan razón.

- ✍ No tires nunca la toalla sin sudarla.

- ✍ Nunca eres tan libre como cuando te prohíbes algo.

- ✍ Nunca mucho fue bastante.

- ✍ Nunca serás uno más si eres tú mismo.

✍ O te aceptas como eres o te haces como quieres.

✍ Para encontrarse uno mismo solo hace falta viajar hacia dentro.

✍ Para estar contento de cómo eres has de quedar contento de lo que haces.

✍ Para inventar primero hay que imitar.

✍ Para ser alguien no dejes de ser tú.

✍ Para soñar has de estar muy dormido o muy despierto.

✍ Pregúntale a tu cabeza hacia dónde deben andar tus pies.

✍ Primero creemos que podemos y después podemos porque creemos.

- ✍ Quien aguanta los abusos, los fomenta.

- ✍ Quien alaba sus méritos desmerece sus logros.

- ✍ Quien aprende de lo que vive, sobrevive.

- ✍ Quien contribuye al bienestar ajeno aumenta el propio.

- ✍ Quien dice todo lo que piensa no piensa todo lo que dice.

- ✍ Quien no ha sufrido, no ha crecido.

- ✍ Quien no sabe ser un buen hijo para su padre no será un buen padre para su hijo.

- ✍ Quien no se acepta por dentro necesita singularizarse por fuera.

✍ Quien reconoce la excelencia ajena, mejora la propia.

✍ Quien sabe acompañarse de sus ilusiones nunca está solo.

✍ Quien se busca fuera puede perderse, quien se busca dentro logra encontrarse.

✍ Quien se siente semejante y singular no necesita ser igual ni distinto.

✍ Reconocer los defectos es una virtud.

✍ Saber lo que te gusta es fácil, lo difícil es saber lo que te conviene.

✍ Sabes que tienes conciencia cuando la traicionas.

✍ Se puede sufrir sin madurar, pero no se puede madurar sin sufrir.

✍ Ser el mejor no es lo importante, lo importante es mejorarse.

✍ Ser padre es la última oportunidad que tiene el hombre para dejar de ser niño.

✍ Ser sincero desde la sensatez es la base de la madurez.

✍ Si confías en ti sin estar preparado, es que todavía no estás preparado para confiar en ti.

✍ Si dejas de ser lo que eres no llegarás a ser lo que puedes.

✍ Si eres educado no puedes ser sincero.

✍ Si haces las cosas mal es difícil que te salgan bien.

✍ Si no sabes aprender de ti mismo poco pueden enseñarte los maestros.

✍ Si queremos mejorar nos hemos de poner las pilas sin que se nos fundan los plomos.

✍ Si quieres que alguien crea en ti, habla bien de él.

✍ Superarse no es hacerse distinto sino hacerse mejor.

✍ Te acostumbras a todo, pero no te acostumbras del todo.

✍ Todo influye, nada determina.

✍ Todos deberíamos ser como los camellos y llevar con dignidad nuestras jorobas.

✍ Todos servimos para algo pero nadie sirve para todo.

✍ Todos tenemos dudas pero el inteligente resuelve alguna.

✍ Tu mejor amigo está en ti. Tu peor enemigo está en ti. Y solo tú puedes decidir con quién prefieres relacionarte.

✍ Una carencia no es un complejo pero también acompleja.

✍ Utiliza tu inteligencia para encontrar salidas, no para buscar coartadas.

✍ Venderse es un mal negocio.

3

AFORISMOS Y REFLEXIONES

—SOBRE LA VIDA, EL TRANSCURRIR DEL TIEMPO, LA JUVENTUD Y LA VEJEZ—

José Bergamín decía: «Si yo fuera objeto sería objetivo pero como soy sujeto soy subjetivo». Evidentemente yo suscribo completamente su máxima y, ello me hace tomar conciencia de que en este apartado, aunque hable en mi condición de anciano ciudadano, mis reflexiones no pueden disociarse de mi formación ni de mi experiencia profesional. Por tanto, todas las aportaciones están realizadas desde esa doble perspectiva, puesto que, a la suma de mis conocimientos, debo añadir el peso de los años.

✍ A la vejez la llamamos tercera edad porque la vida nos ofrece una tercera oportunidad.

✍ A los sabios tampoco les gusta la vejez lo que les ocurre es que la aceptan porque son sabios.

✍ A medida que avanzan los años tenemos menos satisfacciones naturales y más satisfacciones culturales.

✍ A partir de cierta edad además de aceptarte como eres, has de aceptar lo que ya no eres.

✍ A partir de los ochenta, como se deterioran las neuronas, no te das cuenta de que fallan las hormonas.

✍ Aprovecha el tiempo y tendrás bastante.

✍ Ayer, hoy, mañana la vida es un tiempo que en suspiro acaba.

✍ Cada época de tu vida puede ser la mejor, a condición de que no esperes que lo sea de la misma manera.

✍ Cómo solo se aprende del pasado nunca llegas suficientemente preparado a las distintas edades de la vida.

✍ Con el tiempo hasta lo cómodo cansa.

✍ Con los años nos hacemos duros o nos hacemos maduros.

✍ Con los años perdemos la memoria y vivimos de recuerdos.

✍ Con los años te gustas menos pero te aceptas mejor.

✍ Con los años, los defectos permanecen pero los complejos desaparecen.

✍ Confundir lo visto con lo vivido es lo mismo que creer que has disfrutado de lo deseado.

✍ Cuando aceptas que la vida da muchas vueltas, dejas de marearte.

✍ Cuando aprendes del pasado te haces dueño del futuro.

✍ Cuando estés con un bebé, háblale, aunque él no entienda las cosas que le dices si sabe que le dices cosas.

✍ Cuando hace mucho tiempo que te sientes joven es que te estás acercando a la vejez.

- ✍ Cuando hay demasiado de todo no es bueno para nadie.

- ✍ Cuando llevas muchos años aprendiendo no te conviene perder la antigüedad.

- ✍ Cuando miras demasiado al pasado es que no ves claro el futuro.

- ✍ Cuando no disfrutas del placer de vivir corres el riesgo de refugiarte en el placer de beber.

- ✍ Cuando no sientes nostalgia del pasado es que has alcanzado tus objetivos.

- ✍ Cuando somos ancianos nuestro animal de compañía debería ser la tortuga.

- ✍ Cuando te das cuenta de que el tiempo pasa, todavía estás a tiempo de no perderlo.

- ✍ Cuando tienes alicientes de presente no te refugias en el pasado.

✍ Cuanto más vacía está una vida más pesa.

✍ Deberíamos vivir dos vidas: una para aprender a vivir y otra para vivir lo aprendido.

✍ Después de la muerte hay vida, pero lógicamente es otra vida.

✍ El camino es más importante que la meta, pero para que el camino sea importante debe tener meta.

✍ El deseo de morir solo puedes satisfacerlo una vez.

✍ El deseo de vivir alarga la vida.

✍ El destino es el azar de la vida, corregido por la vida en acción.

✍ El futuro empieza a estar en tus manos cuando eliges un futuro que cabe en ellas.

✍ El hombre empieza siendo un niño y termina infantilizado.

✍ El joven no tiene experiencia y el viejo no tiene memoria.

✍ El mejor día es aquel que aprendió ayer lo que hará mañana.

✍ El mejor momento para morir es cuando lo empiezas a desear.

✍ El placer de la mesa es el primero que se tiene y el último que se deja.

✍ El presente de indicativo te lleva al futuro imperfecto.

✍ El tiempo es la gran medicina del alma y la gran enfermedad del cuerpo.

✍ El tiempo nunca es irrelevante, lo que puede ser irrelevante es su aprovechamiento.

✍ El tiempo todo lo cura...si la persona madura.

✍ En el cine ganan los buenos porque en la vida ganan los malos.

✍ En la escuela de la vida, la gran maestra es la herida.

✍ En la juventud aprendes, en la vejez comprendes.

✍ En la juventud los años vuelan, en la vejez los años pesan.

✍ En la juventud uno es como se hace, pero de mayor uno es como es, porque ya se ha hecho.

✍ En la vida hay dos caminos: aceptarse o amargarse.

✍ En la vida lo que te alimenta no es lo que te tragas sino lo que digieres.

✍ Entre el demasiado pronto y el demasiado tarde solo hay el espacio de un instante.

✍ Entre el nacer y el morir está el tiempo de vivir.

✍ Entre la edad del quiero y el debo, está la edad del puedo.

✍ Entre lo poco y lo demasiado anda el ser humano desorientado.

✍ Es más fácil ser un viejo verde que un joven maduro.

✍ Hay «ahoras» que tardan mucho tiempo en llegar.

✍ La evasión es necesaria en la vida, pero la vida no puede ser evasión.

✍ La inmadurez es una etapa inevitable y la madurez su evolución deseable.

✍ La juventud es un defecto que se corrige con el tiempo.

✍ La madurez es una sabia mezcla de fracasos aceptados y logros alcanzados.

✍ La madurez llega demasiado tarde y la vejez demasiado pronto.

✍ La máxima madurez personal es aceptar que la vida tiene final.

✍ La muerte es la única experiencia de la vida que no sirve para el futuro.

✍ La muerte nos iguala a todos: el último viaje siempre lo hacemos en un Mercedes.

✍ La naturaleza es muy sabia. Nos hace perder facultades en la vejez para que nos importe menos morir.

✍ La nostalgia es el precio que se paga por la felicidad vivida en el pasado.

✍ La oportunidad llega sin avisar y se va sin esperar.

✍ La sabiduría es el bastón que ayuda a andar dignamente por el camino que lleva a la muerte.

✍ La soledad es una buena invitada pero una mala compañía.

✍ La vejez es tan dura que solo la lleva bien la persona madura.

✍ La vejez es un punto de partida al que no llega todo el mundo.

✍ La vejez suma a los años, los daños y desengaños.

✍ La vejez no es una enfermedad pero es el caldo de cultivo de todas.

✍ La vejez solo nos hace más sabios cuando la aceptamos.

✍ La vida es la única escuela donde no se puede repetir curso.

✍ La vida es un partido de fútbol en el que tú eres, a la vez, entrenador, jugador y árbitro.

✍ La vida es un regalo que el tiempo nos quita.

✍ La vida es una cosa tan seria que hemos de aprender a incorporar las bromas.

✍ La vida es una película curiosa: tienes claro el final sin acabar de escribir el guion.

✍ La vida no puede llenarse desde fuera.

✍ La vida solo te enseña lo que tú estás dispuesto a aprender.

✍ La vida son los colores que percibes entre la luz del nacimiento y la oscuridad de la muerte.

✍ La vida tiene sentido porque tiene final.

✍ Las locuras de la juventud pueden amargarte la vida, en cambio las de la vejez solo te la pueden alegrar.

✍ Las mejores lecciones de la vida son las que se aprenden en los peores momentos.

✍ Las personas pueden llegar a una edad en la que ya no las puede perjudicar el pasado.

✍ Las personas pueden vivir sin Dios pero no pueden vivir sin fe.

✍ Las prisas consumen el tiempo.

✍ Llamamos «doble vida» a dos medias vidas.

✍ Lo que es pausible el tiempo lo hace asequible.

✍ Lo que fuiste ya pasó pero sigue estando en ti.

✍ Lo que te hace sabio no son las cosas vividas sino las lecciones aprendidas.

✍ Los ancianos somos los únicos que podemos prometer un amor para toda la vida.

✍ Los años que más pesan son los años vacíos.

✍ Los desengaños pueden curarse con los años.

✍ Los malos ejemplos que no sigues te llevan por el buen camino.

- ✍ Los mismos que te quitan el tiempo se quejan de que no lo tengas.

- ✍ Nacemos sin pedirlo y morimos sin desearlo.

- ✍ Nadie cambia de vida sin tener otra.

- ✍ No busques en la vejez lo que no guardaste en la juventud.

- ✍ No conviene tener lo que no puedes mantener.

- ✍ No sé si la vida tiene sentido, pero tiene sentido que lo creamos.

- ✍ No todos los viejos son sabios, pero solo pueden ser sabios los viejos.

- ✍ Nuestro futuro lo escribimos nosotros, procuremos mejorar la caligrafía, si queremos que nos guste nuestra biografía.

- ✍ Para tener paciencia solo necesitas tiempo.

- ✍ Qué bonito sería tener la experiencia de los años, sin los años de la experiencia.

- ✍ Que cerca está en la vejez la lejana infancia.

- ✍ Que no nos toque la mala suerte ya es tener buena suerte.

- ✍ Quien no vive para algo ha de vivir para alguien.

- ✍ Quien oculta su edad no se hace más joven pero se conserva más inmaduro.

- ✍ Ser joven es tener proyectos.

✍ Si disimulas tu calvicie demuestras que no la aceptas.

✍ Si quieres disfrutar de tu vida no la compares con otras.

✍ Siempre se puede cambiar, pero a partir de cierta edad ya no conviene hacerlo.

✍ Somos hijos de nuestro pasado pero, a la vez, padres de nuestro futuro.

✍ Sumergirse en un «mar de dudas» es volver al origen ancestral.

✍ Suspender un curso puede ser la mejor lección de tu vida.

✍ Te pasas la vida metiendo la pata y al final la estiras.

✍ Todas las personas envejecen pero no todas maduran.

✍ Todo tiempo un tiempo natural solo se trata de saber esperar.

✍ Toma los ejemplos cuando eres joven para poder dar consejos cuando seas mayor.

✍ Tu pasado puede explicar tu presente pero no debe hipotecar tu futuro.

✍ Un proyecto se hace realizable cuando se armoniza lo posible con lo deseable.

✍ Vivir es arriesgarse, caer y levantarse.

4

AFORISMOS Y REFLEXIONES

—SOBRE NUESTRA SOCIEDAD, LAS LEYES, LA POLÍTICA Y LOS POLÍTICOS—

Aunque, por edad, tengo más pasado que futuro, sigo siendo ciudadano de este tiempo y por tanto no he querido que falten, —en esta antología— mis pensamientos sobre la sociedad que nos está tocando vivir.

Como habrás podido observar hasta ahora la mayoría de mis aforismos y reflexiones han estado orientadas a favorecer el autoanálisis y el desarrollo del potencial humano. Quizá la única nota discordante la encontrarás en este apartado y está relacionada con el mundo de la política.

Como esa excepción merece una explicación voy a intentar resumirla para ti, sintetizando mi teoría sobre los procesos de «selección social negativa» de los profesionales de la política. La tesis que planteo es que su descredito está provocado por tres causas principales. La primera, es que el modelo de funcionamiento de los partidos hace que las personas buenas tengan una desventaja competitiva con respecto a otras que no lo son tanto. La segunda, es que las más sabias y capaces son conscientes de la complejidad de la vida política y, por tanto, se lo piensan mucho antes de implicarse en su ejercicio. Y la tercera, es que, como consecuencia de ello, son las más mediocres y con menos escrúpulos, las que encuentran el campo libre para medrar y enriquecerse.

Después de razonar los motivos de mi desconfianza, con respecto a ciertos políticos, ruego —a los íntegros— que no se sientan aludidos por mis comentarios, y espero que los otros, reflexionen sobre lo que digo, para impulsar su propio proceso de regeneración. Si así lo hacen quizá en las citas dirigidas a su colectivo, y en todas las demás, puedan descubrir ideas que les ayuden a orientarse en una dirección que les permita desarrollar *su parte buena* para hacerse mejores.

✍ A nuestra sociedad le sobran leyes y le faltan principios.

✍ A quien nada ambiciona, nada le corrompe.

✍ Alcanzar el poder político es fácil, solo necesitas traicionar a los otros aspirantes antes de que ellos te traicionen a ti.

✍ Con la integridad unos se hacen íntegros y otros integristas.

✍ Con las medias verdades pueden crearse grandes mentiras.

✍ Con los políticos que tenemos las elecciones siempre las pierden los votantes.

- ✍ Cuando alguien cree que no necesita lecciones de nada, como mínimo necesita lecciones de modestia.

- ✍ Cuando crees que vales porque tienes, tienes que cuestionarte lo que tienes y lo que vales.

- ✍ Cuando eres un hombre pobre corres el peligro de creerte un pobre hombre.

- ✍ Cuando exiges la verdad estás ayudando a que te mientan.

- ✍ Cuando hay ciencia sin conciencia, nada progresa tanto como la tecnología de guerra.

- ✍ Cuando le dices a alguien, algo que no puede aceptar, no le estás ayudando.

✍ Cuando lo que más tienes es dinero todavía quieres más.

✍ Cuando otros se venden más barato, uno cree no tener precio.

✍ Cuando tienes razón y la exageras, la pierdes.

✍ Cuando un país se identifica con un líder, malo para el líder y malo para el país.

✍ Cuando una ley no es justa, en lugar de sancionar al infractor debería castigarse al legislador.

✍ Cuando una persona es, a la vez, inteligente y mala su poder es inmenso.

✍ Cuanta menos personalidad tienes, más nacionalidad necesitas.

✍ Cuantas menos ideas tienes más fuertemente las defiendes.

- ✍ Cuanto más grande es la ciudad más grande es la soledad.

- ✍ Cuestionar la cultura del pasado con los criterios del presente es un anacronismo cultural.

- ✍ De cerca nadie es grande.

- ✍ Deber dinero te garantiza que alguien se acuerde de ti.

- ✍ Deberíamos inventar una democracia donde se pudiera elegir a los que no desean mandar.

✍ Decir que la inteligencia es más importante que la belleza, es una convención cultural creada por los intelectuales feos.

✍ Decir que todo el mundo miente es una gran verdad.

✍ Donde la virtud se esconde, el vicio se expande.

✍ El cambio climático es la consecuencia natural de una sociedad artificial.

✍ El conformismo de las buenas personas permite el éxito de las malas.

✍ El dinero no da la felicidad, pero solo te das cuenta a partir de cierta cantidad.

✍ El dinero no te hace más guapo pero te hace más atractivo.

✍ El enriquecimiento rápido casi nunca es enriquecimiento lícito.

- ✍ El éxito competitivo es una pirámide que se construye sobre una base de personas que no lo tienen.

- ✍ El éxito gratuito suele costar caro.

- ✍ El éxito solo es bueno cuando llega tarde.

- ✍ El fanático busca en sus creencias la forma de compensar sus carencias.

- ✍ El fanático no tiene ideas, simplemente las sostiene.

- ✍ El gran drama de la raza humana es haber desarrollado la inteligencia sin haber aumentado la madurez.

- ✍ El gran problema de la política es que las buenas personas no quieren entrar y las malas no quieren salir.

✍ El hombre es un animal domesticado por sí mismo.

✍ El límite de la ciencia debe establecerlo la conciencia.

✍ El mundo cambiará cuando la primera persona del plural sea más importante que las tres del singular.

✍ El mundo necesita un gran salto hacia atrás.

✍ El pensamiento más pobre es el pensamiento único.

✍ El poder no siempre corrompe, pero siempre neurotiza.

✍ El pueblo nunca llega al poder porque cuando llega al poder ya no es pueblo.

✍ El trabajo bien hecho es muy beneficioso, sobre todo para el empresario.

- ✍ En ecología, ser progresista es ser conservador.

- ✍ En el cesto del poder casi todas las manzanas se pudren.

- ✍ En el mundo hay dos clases de hombres: los que cultivan la tierra y los que se comen la cosecha.

- ✍ En las dictaduras tienes toda la razón para protestar y en las democracias puedes protestar sin tener razón.

- ✍ En nuestra sociedad la bondad es más una virtud que un valor.

- ✍ En nuestra sociedad la inteligencia, el dinero y la belleza son valores de intercambio.

- ✍ En política el éxito depende más de la ambición que de la preparación.

- ✍ En un mundo humanista nadie se sentiría extranjero.

- ✍ Es más fácil hablar bien tres lenguas que pensar bien en una.

- ✍ Estamos tan ocupados en vivir bien como personas que estamos dificultando sobrevivir como especie.

- ✍ Existe el infierno pero está en la tierra.

- ✍ Gobernar es un intento de atender necesidades ilimitadas, con recursos limitados.

- ✍ Hacer las cosas bien es importante, sobre todo para los delincuentes.

- ✍ Hay dos clases de políticos honrados: los que con el tiempo dejan la política y los que con el tiempo dejan la honradez.

- ✍ Hay momentos en los que conviene venirse arriba y otros en los que es mejor echarse a un lado.

- ✍ Hay personas que hablan tan bien que no te das cuenta de que no dicen nada.

- ✍ Hay personas que llegan a ser lo que pueden y hay personas que pueden ser y no son.

- ✍ Hay personas que no revisan sus creencias por miedo a quedarse sin ninguna.

- ✍ Hay personas que para defender su noción de nación pierden toda noción de razón.

- ✍ Hay políticos que porque tienen poder creen que tienen capacidad.

- ✍ Intelectual es el nombre común de los pensadores que todavía no tienen nombre propio.

✍ La actual cultura del éxito ha creado un éxito sin cultura.

✍ La actual superioridad femenina se fundamenta en el hecho de que mientras el hombre no ha querido aprender de la mujer, la mujer no ha dudado en aprender del hombre.

✍ La avaricia solo beneficia a los herederos.

✍ La burocracia tiene dos protocolos de actuación. Uno para complicar las cosas y otro para resolver las complicaciones.

✍ La cárcel es el purgatorio de los pecados sociales.

✍ La cárcel es una escuela en la que todos los alumnos aprenden a ser maestros.

✍ La caridad del pobre consiste en permitir la riqueza del rico.

✍ La ciudad es una jungla de asfalto llena de caballos mecánicos.

✍ La corrupción no es inherente al poder pero si adyacente.

✍ La cultura de la abundancia nos ha llevado a la sociedad del desperdicio.

✍ La democracia es un buen sistema en malas manos.

✍ La droga es el refugio «natural» de una sociedad artificial.

✍ La ética de una acción radica en su intención.

✍ La ética es el nombre filosófico de la decencia.

✍ La falta de valores generales no justifica las malas acciones personales.

✍ La fuerza impone, la razón propone.

✍ La grandeza cercana genera envidia o negación, solo la lejana genera admiración.

✍ La honradez no conduce a la pobreza pero dificulta la riqueza.

✍ La inteligencia impregnada de egoísmo generó el capitalismo.

✍ La justicia es una red que solo captura peces pequeños.

✍ La ley hace la norma y los jueces las excepciones.

✍ La libertad más profunda es solitaria y solidaria.

✍ La mayoría de las personas que creían en el comunismo tenían buena fe pero mal criterio.

✍ La mejor forma de convencer a una persona es escucharla.

✍ La naturaleza no es justa; por eso debe serlo la sociedad.

✍ La patria es un país vestido de uniforme.

✍ La política es una profesión rara, en lugar de mandar los que pagan, mandan los que cobran.

✍ La suerte es un arcano que llega cuando quiere y huye si lo buscas.

✍ La televisión no es una caja tonta sino una caja que atonta.

✍ La única paz que puede evitar las guerras es la paz de las conciencias.

✍ Las buenas personas tienen tanto valor que no se venden.

✍ Las cárceles sirven para que los que están fuera se sientan libres.

✍ Las carreras universitarias empiezan cuando terminan.

✍ Las leyes primero se cumplen y luego, si es necesario, se cambian.

✍ Las malas personas hacen buenos negocios en negocios que no son buenos.

✍ Las mejores leyes son las que defienden las buenas costumbres.

✍ Las mujeres públicas crearon la primera profesión y los hombres públicos la primera corrupción.

✍ Las personas buenas son una gran suerte para las demás.

✍ Las personas geniales rara vez son ejemplares.

✍ Las personas pobres desean el dinero de los ricos, las personas ricas desean el deseo de los pobres.

✍ Las personas que se ofenden sin motivo, suelen enfadarse sin razón.

✍ Las personas son cada vez más simples porque la sociedad es cada vez más compleja.

✍ Las primeras víctimas de las revoluciones son las ideas que las sustentan.

✍ Limitando la libertad personal se hace posible la libertad general.

✍ Llaman expertos a un número indeterminado de personas desconocidas cuyas capacidades ignoramos.

✍ Lo bueno de la democracia es que cualquiera puede ser presidente, lo malo es que casi siempre es así.

✍ Lo difícil no es hacer reír, sino conseguirlo sin reírse de los demás.

✍ Lo importante no es el dinero que ganas sino como ganas el dinero.

✍ Lo malo no es que el poder carezca de ética sino que la ética carezca de poder.

✍ Lo que define al avaro no es tener mucho, sino querer más.

✍ Los beneficiarios de la democracia son las personas, pero los principales beneficiados son los políticos.

✍ Los debates siempre los ganan los que tienen más inteligencia verbal y menos categoría moral.

✍ Los fanáticos pueden ser inteligentes, lo que no pueden ser es maduros.

✍ Los funcionarios son unos señores que superan difíciles oposiciones para alcanzar cómodas posiciones.

✍ Los huérfanos de ideas quieren ser padres del mundo.

✍ Los ideales y las ideologías comparten el mismo campo semántico pero no dan los mismos frutos.

✍ Los malos tienen ventaja porque los buenos tienen principios.

✍ Los padres educan tan bien como saben pero eso no significa que sepan educar bien.

✍ Los poderes públicos generan privilegios privados.

✍ Los políticos como no saben resolver los grandes problemas se dedican a complicar los pequeños.

✍ Los políticos hacen las leyes y los ciudadanos pagan las consecuencias.

✍ Los políticos necesitan una cura de humildad y un curso de ética.

✍ Los políticos son los únicos profesionales que a medida que ganan poder pierden prestigio.

✍ Los problemas más graves son aquellos en el que el dinero no sirve de solución ni de consuelo.

✍ Los que reclaman derechos para todos suelen asegurarse los suyos.

✍ Los sabios escuchan para entender, los políticos escuchan para replicar, por eso los políticos no suelen ser sabios.

✍ Los sistemas no cambian a las personas, son las personas las que pueden cambiar los sistemas.

✍ Los únicos que saben de verdad que el dinero no lo compra todo son los ricos.

✍ Más que las ideas de la revolución lo que necesitamos es una revolución de las ideas.

✍ Matar por una idea son dos malas ideas.

✍ Me gustaría vivir en un mundo donde los partidos de futbol pudieran jugarse sin árbitros.

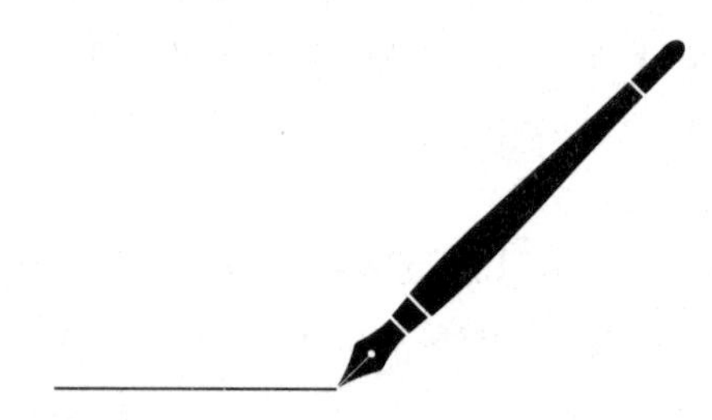

✍ Miente lo necesario, pero nunca para engañar.

✍ Mientras existan paraísos fiscales no existirá el paraíso terrenal.

✍ Ningún camino llano conduce a la cumbre.

✍ No confundas lo que vales con lo que cobras.

✍ No hay peor soberbia que la del ignorante.

✍ No puedes evitar que hablen mal de ti, lo que puedes evitar es que tengan razón.

✍ Nos hemos civilizado tanto que hemos conseguido desnaturalizarnos.

✍ Nunca hagas una revolución: si pierdes te reprimen y si ganas te perviertes.

✍ Nunca mandan los mejores porque los mejores no quieren mandar.

✍ Ocultar la verdad a quien no quiere conocerla, no es engaño, es caridad.

✍ Para cambiar de opinión has de tener criterio.

✍ Para construir una sociedad mejor solo hace falta buscar la propia felicidad sin perjudicar la ajena.

✍ Para dar un paso al frente hay que medir el espacio y el tiempo.

✍ Para disfrutar de un derecho hay que aceptar un límite y aportar un deber.

✍ Qué importa que lo cierto no lo sea, si la gente solo cree lo que desea.

✍ Que la política sea un mal necesario no significa que los políticos deban ser necesariamente malos.

✍ Qué ocurrirá con la grafología ahora que todo el mundo escribe con ordenador.

✍ Que una cosa esté al alcance de la mano no significa que debas cogerla.

- ✍ Quien confunde el ser con el tener, tiene mucho que aprender.

- ✍ Quien está en constante evolución nunca opta por la revolución.

- ✍ Quien no aprende de los buenos ejemplos se convierte en uno malo.

- ✍ Quien no resuelve sus problemas, los agudiza con los ajenos.

- ✍ Quien no se aparta del buen camino nunca podrá perderse por los malos.

- ✍ Quien pregunta lo que no debe se arriesga a escuchar lo que no quiere.

- ✍ Quien siempre huye nunca se sentirá seguro.

✍ Quien tiene inquietudes y no destaca en nada, puede encontrar en la política una excelente oportunidad.

✍ Respetar la diversidad contribuye a la igualdad.

✍ Se puede jugar a la lotería pero no se puede jugar con la lotería.

✍ Si nadie comprara cosas robadas nadie robaría cosas para vender.

✍ Si no sabes ordenar tu mundo interior difícilmente podrás mejorar el mundo exterior.

✍ Si no tienes el trabajo que te gusta procura que te guste el trabajo que tienes.

✍ Si no tienes nada que decir demuéstralo callando.

✍ Si queremos que el mundo avance hemos de dar un paso atrás.

✍ Si quieres cambiar el mundo empieza por ti.

✍ Si quieres tener opciones reales de felicidad, empieza por construir una realidad donde la felicidad tenga opciones.

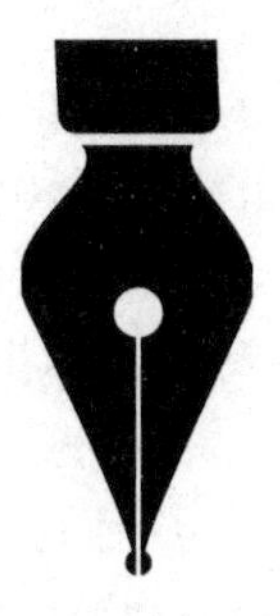

✍ Si quieres triunfar en sociedad reparte los buenos momentos y quédate con los malos.

✍ Sin salarios decentes no hay buenos docentes.

✍ Solo queremos igualdad de derechos cuando tenemos menos.

✍ Solo te manipulan cuando no te enteras.

✍ Somos animales racionales pero todavía no somos animales razonables.

✍ Somos más eficaces creando problemas que encontrando soluciones.

✍ Tanto los políticos de izquierda como los de derecha necesitan centrarse.

✍ Tener criterio es fácil, lo difícil es que sea propio.

✍ Teniendo en cuenta el mundo en que vivimos no es extraño que cada vez más personas se creen uno propio.

✍ Toda educación incluye algo de represión.

✍ Todos los políticos dicen que todos los políticos no son iguales.

✍ Todos los que tienen suerte creen que se la merecen.

✍ Tomar decisiones es fácil, lo difícil es mantenerlas.

✍ Un buen acuerdo es aquel en que ninguna de las partes queda suficientemente satisfecha.

✍ Un buen libro vale su peso en oro en pero casi todo el mundo prefiere el oro.

✍ Un burócrata es un señor que se dedica a dificultar los servicios que presta.

✍ Un escritor es un señor que por su forma de escribir mejora las ideas que tiene.

✍ Un intolerante es un señor que no acepta más defectos que los propios.

✍ Un país pequeño puede ser un gran país pero no puede ser un país grande.

✍ Un político es un señor que aparenta lo que no es y disimula lo que no sabe.

- ✍ Un tirano es un hombre que guarda toda la libertad para sí mismo.

- ✍ Una revolución es la lucha de los ambiciosos del pueblo contra los egoístas del poder.

- ✍ Uno de los grandes problemas de nuestra sociedad es que confunde el éxito con la capacidad.

- ✍ Utilizar mejor los argumentos, no significa tener más razón.

- ✍ Verdades las convenientes, mentiras las necesarias.

- ✍ Visita a tus amigos el tiempo justo para que se alegren de tu llegada y no se alegren de tu partida.

- ✍ Vivimos en un mundo donde los lobos deciden cómo deben vivir las ovejas.

- ✍ Vivimos en un mundo donde sobran expertos y faltan sabios.

REFLEXIÓN CREATIVA

Repasando por enésima vez la antología he detectado que mi aforismo «Hay personas que son modestas por soberbia» tiene un significado parecido a una cita de San Agustín que dice: *la simulación de la humildad es soberbia*. No obstante he decidido mantenerlo porque como decía Publio Terencio *no es posible decir una sola cosa que no haya sido dicha anteriormente*. Por eso, me gustaría que cualquier similitud, entre alguno de mis pensamientos y los que han dejado para la historia muchos de los grandes aforistas a los que admiro, sea considerada un homenaje inconsciente a las ideas de aquellos pensadores que con su trabajo han contribuido a enriquecer la creatividad de quienes hemos heredado su obra.

En sintonía con esa observación he reservado la próxima página para que puedas anotar aquellos aforismos míos que puedan servirte de inspiración para potenciar tus propios pensamientos. De esa manera, tu criterio además de ser útil para ti, podrás ponerlo al servicio de los demás para que todos podamos aprender de todos.

DECÁLOGO DE LAS CITAS ELEGIDAS POR EL LECTOR

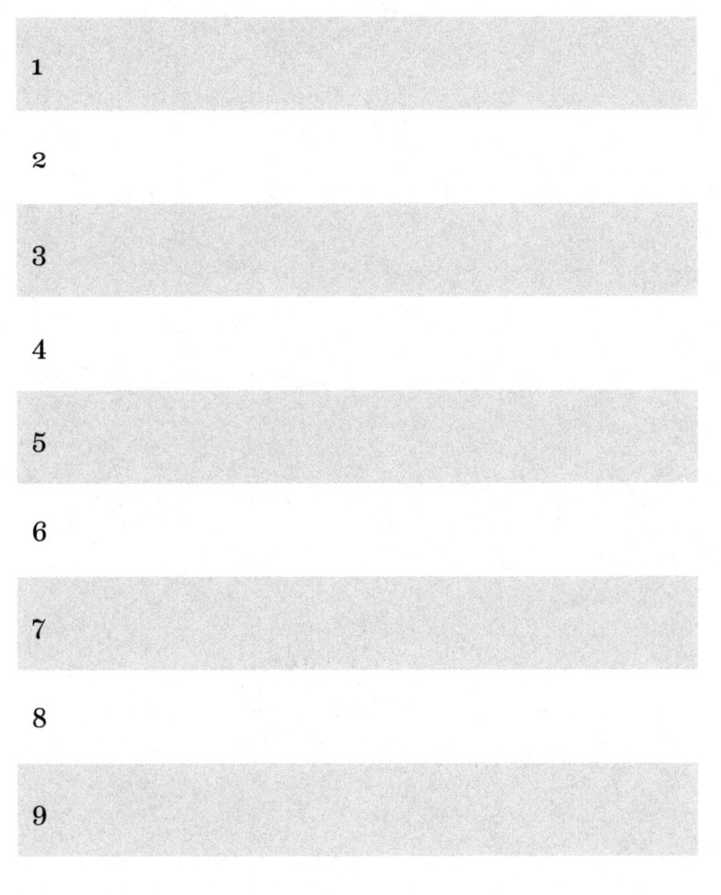
1

2

3

4

5

6

7

8

9

10

5

DEFINICIONES MUY PERSONALES

—SOBRE LA VIDA Y LA PSICOLOGÍA Y LA PSICOLOGÍA DE LA VIDA—

Este apartado es muy restrictivo puesto que solo incluye 100 definiciones operativas y todas ellas están destinadas a facilitar la utilidad de los mensajes que transmiten los aforismos y reflexiones que acabas de leer.

Con esa intención y objetivo te anticipo los cinco conceptos cuyo conocimiento resulta necesario para un mejor aprovechamiento de los contenidos del glosario.

Yo: *Denominación que utiliza el Análisis Transaccional para referirse a la facultad psíquica que hace que la persona tenga conciencia de sí misma y proceda a sus elaboraciones mentales. Según esta escuela, creada por Eric Berne, el Yo está formado por tres partes a las que denomina Padre, Adulto y Niño. Esta nomenclatura es también la que utilizo en este glosario para explicar el comportamiento como el resultado de la interacción de sus tres componentes, en función de la fuerza relativa que cada uno de ellos ejerce sobre los demás.*

Padre: *Parte de los estados del Yo que aporta al individuo toda la información relativa a las normas de conducta que debe seguir el sujeto de acuerdo con las convenciones sociales, los principios legales y los códigos morales. Actúa desde el sentido del deber y su misión es evitar que el Niño sea demasiado caprichoso.*

Adulto: *Parte del Yo que cumple una doble función en el equilibrio y maduración del sujeto. Con respecto al equilibrio actúa como intermediario para intentar conciliar las necesidades del Niño con las limitaciones que el Padre impone a su satisfacción. Y para favorecer la maduración, recaba información del mundo externo para ponerla al servicio del diálogo interior y* *facilitar que las decisiones se inspiren en el principio de realidad y sean las más adecuadas para su propio desarrollo.*

Niño: *Parte infantil del Yo que intenta satisfacer sus necesidades sin hacer demasiado caso a lo que le prohíbe el Padre. En el Niño residen la intuición, la creatividad, los impulsos y el disfrute espontáneo, pero también la poca resistencia a la frustración y la poca capacidad para disciplinarse, puesto que se rige por el principio de placer.*

Diálogo interior: *Intercambio de puntos de vista —entre los tres estados del Yo— orientado a compatibilizar el placer suficiente que necesita el Niño con el deber necesario que recomienda el Padre. Para realizar esa función el Adulto escucha los argumentos del Niño y del Padre y, a su vez, se informa de los referentes de comportamiento del mundo externo que le parecen adecuados para su propio desarrollo. Es por tanto una conversación que, si se realiza bien, permite que la persona gane seguridad y se oriente hacia la madurez porque el Adulto se fortalece gracias a que, con la ayuda del Padre, consigue educar al Niño.*

Una vez definidas las palabras clave que te permitirán la comprensión óptima de las definiciones, espero que este apartado contribuya a tu enriquecimiento psicológico y potencie la utilidad de los aforismos y reflexiones que acabamos de compartir.

GLOSARIO

ABUSO: Relación interpersonal lesiva que favorece a quien la ejerce en detrimento de quien la aguanta. Evidentemente cuanto más se aguanta más se recibe.

ACTITUD: Disposición previa a la acción que determina la forma en que la persona afronta la realidad e influye sobre la manera de reaccionar ante ella.

ADMIRACIÓN: Sentimiento que tiene la virtualidad de favorecer el éxito propio en aquellas personas que se alegran del éxito ajeno.

ADVERSIDAD: Situación que te ayuda a descubrir en ti virtudes que no sabías para poder afrontar situaciones negativas que no esperabas.

ALTRUISMO: Forma de expresar el egoísmo propio que resulta beneficiosa para el prójimo. Es la máxima expresión del egoísmo positivo.

AMISTAD: Sentimiento fraternal de afecto que tiene mucho valor y no tiene precio, aunque, suele devaluarse cuando se pide dinero.

AMOR: Vinculación afectivo-sentimental-sexual que desea pervivir como tal.

APARIENCIA: Conducta orientada a parecer lo que uno no es. Cuando se desarrolla con suficiente convicción, consigue que la persona empiece a ser lo que quiere parecer.

APREMIO: Toma de iniciativas que la otra parte aún no está preparada para aceptar.

APRENDIZAJE: Proceso mediante el cual se adquieren capacidades que no se tenían gracias a las cuales se pueden realizar tareas que no se hacían.

ASIMILACIÓN: Proceso psicológico mediante el cual se consigue integrar determinados acontecimientos negativos gracias a que el sufrimiento productivo permite activar la aceptación de lo vivido.

AUTENTICIDAD: Actitud desprovista de fingimientos que aparece en la conducta del Adulto cuando logra armonizar las necesidades del Niño con las normas del Padre. Gracias a su adecuado desarrollo la persona consigue ser congruente y avanzar hacia la madurez.

AUTOCONCEPTO: Conjunto de cualidades intelectivas, caracteriales y de personalidad de un sujeto, que cuando se utilizan adecuadamente se refuerzan a sí mismas y sirven para corregir o mitigar los aspectos de la autoestima, la autoimagen o la competencia sexual que se han constituido en fuente de inseguridad. Es el tercer pilar de la seguridad y el más asequible al cambio a través de la autocrítica y la intervención terapéutica.

AUTOCRÍTICA: Diálogo interior entre el Niño, el Adulto y el Padre, mediante el cual la persona es capaz de sacar conclusiones que le ayudan a mejorar.

AUTOESTIMA: Percepción que tiene la persona de ser digna de ser querida en función de cómo se ha sentido querida en la infancia más los refuerzos afectivos posteriores. Es el factor primero y primigenio de la seguridad porque empieza a desarrollarse en la infancia temprana.

AUTOIMAGEN: Percepción que tiene el sujeto de su propio atractivo físico. Se establece definitivamente después de los cambios anatómicos propios de la adolescencia. Se configura en función de los parámetros psicoestéticos imperantes y en relación al atractivo de las personas que se toman como referente. Es el segundo pilar de la seguridad personal.

AVARICIA: Capacidad para acumular dinero gracias a la cual la persona no consigue disfrutar del dinero que acumula.

BELLEZA: Conjunto de los rasgos faciales que adecuadamente utilizados se convierten en un valor social susceptible de competir con la inteligencia y el dinero.

BODA: Ritual social mediante el cual los contrayentes se prometen amor y fidelidad durante un tiempo indefinido cada vez menor.

BONDAD: Tendencia del comportamiento que resulta del compromiso que una persona adquiere consigo misma para que el derecho a la satisfacción de sus necesidades no perjudique a terceras personas. A partir de un determinado grado de madurez, la bondad se alimenta a sí misma y se convierte en una de las cuatro facultades del potencial humano que contribuyen al mejoramiento personal.

CALUMNIA: Acusación falsa hecha para perjudicar al calumniado que, cuando se descubre, perjudica al calumniador.

CARÁCTER: Comportamiento consciente autorregulado y, por tanto, asequible al cambio a través de la acción voluntaria del individuo.

CEDER: Aceptar planteamientos, o incorporar comportamientos, que entran en conflicto con los criterios del Adulto. La cesión es consecuencia del miedo del Niño a perder la aceptación o el afecto de la persona que la motiva. Las cesiones resultan contraproducentes para el desarrollo del Adulto porque frustran al Niño y defraudan su expectativa cuando no recibe la recompensa que espera.

CELOS: Síndrome psicofísico, asociado al miedo a perder el sujeto amoroso, que se manifiesta en forma de ansiedad, agresividad, tensión, angustia y otras somatizaciones varias.

COMPLEJO: Vivencia desproporcionada de un defecto que limita o resta seguridad a quien lo padece y condiciona su comportamiento.

CONCEDER: Aceptar planteamientos o incorporar comportamientos que el Adulto considera adaptativos para mantener la calidad de una relación. En las relaciones interpersonales debe considerarse el modelo de elección frente a la cesión, puesto que conceder contribuye a fortalecer al Adulto y a educar al Niño, mientras que ceder crea incongruencia en el Adulto, frustra al Niño y satura al Padre.

CONCIENCIA: Límite que impone el Padre al Niño para que, al satisfacer sus necesidades, procure no perjudicar a otras personas.

CONFIANZA: Creencia en las propias virtudes y capacidades que cuanto más se posee más se refuerza a sí misma.

CONFLICTO: Colisión de intereses y sentimientos que tienen lugar durante la fase de resolución de un problema.

CONFORMISMO: Capacidad de llevar bien las cosas que están mal. Las personas que lo practican no saben si les beneficia o perjudica hasta que dejan de ejercerlo.

CONSEJO: Recomendación orientada a un buen fin que resulta psicológicamente útil para quien la da y, en ocasiones, también para quien la recibe.

CREATIVIDAD: Facultad de ver y hacer las cosas de forma original que se desarrolla en la persona, cuando es capaz de reconocerla en el prójimo.

CRISIS: Punto crítico de una situación o problema que genera desorientación y estrés mientras no se encuentra la solución.

CRITERIO: Capacidad de evaluar y dar una opinión sobre algo o alguien que cuanto más se aplica desde el Adulto menos se utiliza para criticar.

CRÍTICA: Punto de vista, siempre subjetivo, que cuanto más criterio contiene más objetivo resulta y menos necesita expresarse.

DEBER: Exigencia social o moral libremente asumida por el Adulto. Es la vivencia de elección frente a la obligación, puesto que el deber fortalece al Adulto, mientras que la obligación le satura.

DEFECTO: Rasgo que la persona no acepta de sí misma, porque considera que le genera una desventaja o agravio comparativo, en el ámbito de la autoimagen, el autoconcepto o la competencia sexual.

Cuando el Adulto lo asume de forma adaptativa queda integrado en la personalidad pero, cuando no es así, puede convertirse en un complejo.

DESAMOR: Sufrimiento psicofísico producido por la pérdida o carencia del sujeto amoroso.

DESPLAZAMIENTO: Es el más utilizado de todos los mecanismos de defensa y, gracias a él, podemos convivir en sociedad y mantener relaciones civilizadas. Las dos variantes de desplazamiento más comunes son ***la del sujeto al objeto y la de la acción a la palabra***, gracias a las cuales se evitan innumerables problemas y conflictos interpersonales. A la primera categoría, pertenecen todos aquellos actos de violencia que el Niño querría dirigir a un sujeto y el Adulto logra desplazar a un objeto. Por ejemplo, romper un plato en lugar de pegarle una bofetada a la persona con quien se está discutiendo. Y la segunda categoría, está formada por todos aquellos insultos y comentarios despectivos, destinados a las personas que el Niño desearía agredir físicamente, pero que el Adulto logra convertir en agresión verbal. Es un mecanismo útil (cuando no es excesivo) gracias al cual el Niño consigue educarse y el Adulto puede madurar.

DESTINO: Nombre que se le da a la creencia incomprobable de que el futuro está predeterminado. Si crees en él ejerce una notable influencia sobre ti y si crees en ti ejerces una notable influencia sobre él.

DIÁLOGO: Intercambio de pareceres que practican las personas entre ellas. Para que sea productivo debería realizarse en clave Adulto - Adulto pero evidentemente eso depende de la fuerza relativa que ejerce cada uno de los tres estados del Yo en el comportamiento de los implicados.

DINERO: Medio de pago constituido por monedas y billetes de curso legal. Sirve para tener acceso a los bienes de consumo aunque también se utiliza para comprar conciencias.

DISCIPLINA: Conjunto de pautas que sirven para adecuar el comportamiento a las normas de la institución que las dicta. Siempre limita la libertad de acción, excepto cuando se la impone la propia persona, ya que, en ese caso, el sujeto está siendo a la vez libre y responsable.

DIVORCIO: Fórmula jurídica a partir de la cual las personas quedan en condiciones de repetir el mismo problema que acaban de resolver.

DUELO: Proceso de asimilación psicológica mediante el cual las pérdidas afectivas se convierten en recuerdos indoloros.

EGOÍSMO: Tendencia del comportamiento con la que el sujeto intenta satisfacer sus necesidades y preservar sus intereses. Para que no resulte lesivo para la convivencia debe reconvertirse en egoísmo positivo.

EJEMPLO: Referente de comportamiento que unas personas toman de otras para mejorarse cuando son buenos, o para justificarse cuando son malos.

EMPATÍA: Forma de comunicación interpersonal que permite sintonizar con las inquietudes, problemas y preocupaciones de las personas sin juzgarlas ni criticarlas. No es un sentimiento opuesto a la simpatía, sino su expresión más profunda. Para que se produzca, se requiere un grado de madurez y un clima de comunicación difícil de alcanzar.

ENAMORAMIENTO: Fase inicial de un vínculo afectivo-sentimental-sexual que, según la variante en que se exprese, adquiere distintos grados de intensidad pasional. En mi libro ***El arte de enamorar*** tipifico nueve variantes: la admiración, la aventura, la compañía, el consuelo, el flechazo, la idealización, el ligue, la limitación y la sinergia.

ENVIDIA: Sentimiento negativo que experimenta el Niño cuando su Adulto no está en condiciones de reconocer el mérito o valor de una determinada persona o comportamiento. En el ámbito de las relaciones interpersonales actúa como contrapunto indeseable de la admiración, puesto que en ésta el Adulto incorpora valores positivos del elemento admirado, mientras que en la envidia el Niño rechaza lo que no está en condiciones de incorporar, aunque su Padre le diga que aquello es bueno para él. En la envidia el Niño se frustra, el Adulto se neurotiza y el Padre se siente culpable.

ERECCIÓN: Reacción fisiológica del pene consistente en un aumento súbito de su tamaño y turgencia. Su mecanismo de activación depende del sistema nervioso autónomo. Por eso no responde al deseo consciente.

ESFUERZO: Energía empleada en una acción orientada a la consecución de un fin. Para que pueda mantenerse debe recibir un refuerzo proporcionado.

EXPERIENCIA: Aquello que se aprende de lo que se vive.

FELICIDAD: Estado de bienestar psicofísico resultante de la conjunción de un Niño suficientemente gratificado, un Adulto adecuadamente realizado y un Padre satisfecho por el comportamiento de ambos. Según la teoría que defiendo en ***La felicidad personal*** los tres grandes facilitadores son la congruencia interna, la realización personal y el amor armónico.

FRACASO: Sensación psicológica desagradable que mina la seguridad del Adulto y defrauda al Niño, cuando la persona no ve recompensado el esfuerzo de una determinada acción, o no logra alcanzar el éxito que pretendía con ella.

FRUSTRACIÓN: Sensación de impotencia e insatisfacción que experimenta una persona cuando no es capaz de activarse al servicio de sus propios proyectos.

IDEALIZACIÓN: Proceso psicológico admirativo mediante el cual quedan sobredimensionados los valores de una determinada persona, al objeto de utilizarla como sujeto amoroso fantaseado o ideal de perfección.

INFELICIDAD: Estado de malestar psicofísico provocado por la insatisfacción que siente la persona cuando su grado de congruencia, realización personal y amor armónico no adquiere los niveles de calidad que su Adulto considera adecuados.

INFIDELIDAD: Relación sexual mantenida con personas ajenas a la pareja, sin el consentimiento de ésta.

INMADUREZ: Etapa vital propia de toda persona joven que todavía no ha vivido las experiencias que posibilitan el proceso de maduración personal.

INTELIGENCIA: Facultad psicológica que determina la capacidad de adaptación a un medio hostil y facilita la resolución de situaciones complejas. Utilizada a favor del Adulto permite la maduración personal, pero cuando está al servicio del Niño o del Padre puede conducir a la neurosis.

MADUREZ: Grado de equilibrio y serenidad que se alcanza a través de la asimilación positiva de los acontecimientos negativos de la vida. Es el resultado de la superación de las distintas fases críticas de la biografía del sujeto, gracias a la aplicación del sufrimiento productivo y a la realización de conductas de autoafirmación.

MATRIMONIO: Estado transitorio de convivencia entre dos personas que se juntan porque se aman y se separan porque ya se han amado.

MEMORIA: Parte del hipocampo donde se guardan los recuerdos que luego se pierden.

MORAL: Principio de comportamiento que, por exigencia del Padre, te impide obtener muchas de las cosas que deseas tener.

MOTIVACIÓN: Actitud mental que predispone a la acción como resultado del efecto que produce en el sujeto la conjunción del deseo y la necesidad. Adecuadamente administrada por el Adulto facilita la consecución de logros y objetivos.

MUNDOLOGÍA: Habilidad para comportarse de

manera adecuada en distintos ambientes y situaciones, que se adquiere cuando se asimilan adecuadamente las experiencias del pasado.

NEGACIÓN: Mecanismo de defensa que utiliza el Niño cuando no está en condiciones de aceptar una determinada realidad. El problema es que, cuando lo adopta, su Adulto no se desarrolla porque no aprende a resolver aquello que se está negando a la conciencia. Es, por tanto, un mecanismo poco adaptativo porque mantiene a la persona en la inmadurez y puede contribuir a que se neurotice.

NEUROSIS: Estado de desequilibrio psicológico, caracterizado por la fragilidad emocional, la variación en el estado de ánimo y los comportamientos poco adaptativos. Según mi teoría se produce cuando el Adulto de la persona está dominado por el Niño o el Padre, u oscila radicalmente entre ambos.

OPINIÓN: Punto de vista que surge de la aplicación

de la capacidad de análisis, incluso en personas que no la tienen desarrollada.

OPTIMISMO: Tendencia o propensión a ver y juzgar las cosas en su aspecto más favorable. Es un rasgo de la personalidad que está relacionado con el temperamento, la forma de interiorizar las vivencias infantiles y el aprendizaje vital positivo.

PAREJA: Unión de dos personas que se implican en una relación amorosa con intención de mantenerla. Dentro de mi bibliografía se refiere a la que está formada por un hombre y una mujer, aunque la mayoría de sus contenidos son aplicables también a las formadas por personas del mismo sexo.

PENE: Parte eréctil del aparato genital masculino que gracias a la erección alcanza un tamaño que a veces se exagera.

PERDÓN: Indulgencia que concedemos a quien nos ha ofendido cuando ya hemos olvidado la ofensa.

PERSONALIDAD: Conjunto de características psicológicas que singularizan a un sujeto.

PESIMISMO: Tendencia o propensión a ver y juzgar las cosas en su aspecto menos favorable. Es un rasgo de la personalidad que está relacionado con el temperamento y la forma de interiorizar las vivencias infantiles. No puede corregirse del todo, pero puede moderarse a través de la actitud positiva.

POLÍTICA: Función de administrar la vida pública que ejercen personas privadas. Sirve para facilitar la convivencia en general y el bienestar particular de quienes la practican.

PROBLEMA: Conflicto o disyuntiva en la trayectoria vital de un sujeto que genera la necesidad de ser resuelto.

PROCESO: Evolución que se produce en la resolución de un problema para alcanzar un objetivo. Dentro de este glosario se refiere a las acciones que permiten ir cubriendo las distintas fases de la maduración personal.

PROTOCOLO: Conjunto de las reglas que deben seguirse para llevar a cabo un proceso. En mi metodología terapéutica se refiere a la suma de las herramientas y los instrumentos psicológicos que conducen a la seguridad y facilitan la madurez.

PROYECCIÓN: Mecanismo de defensa a través del cual una persona atribuye a otra los comportamientos o sentimientos que su Adulto no puede aceptar de su propio Niño. El conocido refrán «cree el ladrón que todos son de su condición» expresa perfectamente el funcionamiento de la proyección.

REFLEXIÓN: Tiempo dedicado a decidir la acción o a valorar su resultado. Forma parte del modelo reflexión-acción-reflexión que utilizan las personas maduras para decidir el comportamiento.

REGRESIÓN: Mecanismo de defensa que consiste en adoptar pautas de comportamiento propias de etapas anteriores de la vida en las que el sujeto se consideraba protegido y feliz. Se utiliza para evitar responsabilidades y evadirse de los aspectos desagradables de la realidad. Su uso frecuente dificulta la maduración personal.

REPRESIÓN: Mecanismo de defensa primario que colabora con otros, como la negación y el aislamiento, para lograr el objetivo común de ocultar a la conciencia aquello que el Niño del sujeto no está en condiciones de aceptar. Por tanto, cuanto más inmaduro es el Niño más utiliza la represión. Tanto es así que podríamos medir el grado de madurez de un sujeto en función de la magnitud de cosas desagradables que su Adulto puede aceptar sin necesidad de recurrir a este mecanismo.

SABIA: Persona de avanzada edad que sabe mucho y decide aprender un poco más sin molestar a las demás. A veces alcanza una sabiduría tal que le permite aceptar dignamente la creciente disminución de sus facultades.

SEDUCCIÓN: Ritual interactivo en virtud del cual una persona es capaz de provocar, en otra, interés sexual.

SEGURIDAD: Resultado de la valoración positiva que hace el sujeto de los cuatro elementos que la componen: autoestima, autoimagen, autoconcepto y competencia sexual.

SIMPATÍA: Sentimiento afectivo que se establece, de forma más o menos espontánea y recíproca, en función de las afinidades y compatibilidades de las personas implicadas.

SÍNDROME: Conjunto de síntomas que caracterizan a una enfermedad, trastorno o disfunción.

SINERGIA: Acción de dos o más causas cuyo efecto es superior a la suma de la incidencia de cada una de ellas por separado.

SOLEDAD: Sensación de desamparo que experimenta quien no se siente acompañado de sí mismo, ni de otros.

SOLUCIÓN: Determinación o conducta orientada a resolver un problema que, a veces, consigue su objetivo.

SUFRIMIENTO: Sensación psicofísica desagradable provocada por una contrariedad, frustración o defraudación de expectativa.

SUPERMUJER: Superlativo que he creado en mi libro ***El síndrome de las supermujeres*** para referirme a las mujeres de entre 40 y 60 años que reúnen los siguientes requisitos: son guapas, inteligentes, poseen una elevada formación y están dotadas de autonomía económica y madurez personal. Su síndrome consiste en que como consecuencia de tantas virtudes tienen dificultades para encontrar hombres adecuados para ellas.

TEMPERAMENTO: Vigor con que se expresa el comportamiento de un sujeto en función de sus características neurológicas.

TENTACIÓN: Situación potencialmente placentera para el Niño, que el Adulto debe evaluar para decidir si debe permitirse el disfrute.

TERAPEUTA: Profesional de la psicología clínica que puede ayudar a resolver los problemas ajenos. Esa posibilidad solo se activa cuando antes él ha sido capaz de resolver los propios.

TRABAJO: Conjunto del esfuerzo, la voluntad y el tiempo empleado en la consecución de un objetivo. Suele aplicarse el concepto, a la actividad que la persona realiza para ganarse la vida sin que le guste. Cuando le gusta ya no se considera trabajo o ya no se vive como tal.

VIVENCIA: Forma de calificar lo que se vive, para diferenciarlo de la experiencia, que es aquello que se aprende de lo que se vive.

VOLUNTAD: Capacidad de mantener libremente un esfuerzo continuado hacia metas que se consideran asequibles. Ejerce una influencia fundamental en la consecución de los objetivos vitales.

REFLEXIÓN FINAL

Aunque soy demasiado prosaico para escribir poesía, mi sensibilidad humanista me inclinó —hace años— a expresar un deseo en clave poética, sobre cómo el mejoramiento humano podría influir en la creación de un mundo mejor. Y como ese deseo sintoniza perfectamente con la filosofía que subyace a los contenidos de este libro, me permito reproducir esos versos, porque sintetizan el efecto que me gustaría que tuvieran socialmente ***mis aforismos y reflexiones.***

EL SUEÑO DE UN HUMANISTA

Soñé que soñaba despierto
soñé que vivía soñando,
soñé que en la vida soñar
es un buen camino para despertar.

Soñé en un mañana de seres en paz
que juntos estaban para progresar.
Soñé que personas de todas las razas,
con todos los miembros del mundo animal,
creaban las bases de un tiempo ideal:

Tierra sin fronteras,
paz con dignidad,
riqueza y justicia
en la humanidad.

Verdes en el campo,
azul en el mar,
árboles con frutos,
vidas sin segar.

Nace un mundo nuevo
lleno de sonrisas
donde los que vienen
vivirán sin prisas.

Dispuesto a trabajar al servicio de ese proyecto, mi equipo y yo quedamos a vuestra disposición por si os podemos resultar de alguna utilidad.

ANTONI BOLINCHES
Psicólogo Clínico y Terapeuta de Pareja
Escritor y pensador humanista
Creador de la Terapia Vital
www.abolinches.com

COMENTARIOS DEL AUTOR A SU BIBLIOGRAFÍA

1988 - EL CAMBIO PSICOLÓGICO

Es el primer libro que escribí y en él intenté ordenar todo lo que sabía sobre autoayuda y mejoramiento personal, aunque lo que sabía no era mío sino que lo había aprendido de los que yo consideraba entonces y sigo considerando ahora, los inspiradores de mi metodología y grandes maestros de la psicología: Freud, Adler, Berne y Rogers.

1995 - LA FELICIDAD PERSONAL

Es el libro en el que sistematicé todo lo que yo había hecho para recuperar la felicidad en una época en la que la había perdido. Evaluando el contenido de forma retrospectiva creo que, de todas mis obras, es la que dice más cosas en menos páginas. Su mayor virtud es que defiende un modelo de felicidad, basado en el autoanálisis y en el crecimiento personal, que resulta fácilmente entendible y aplicable. Quizá por eso ha tenido tanta aceptación entre los partidarios de la autoayuda.

1998 - EL ARTE DE ENAMORAR

Cuando era jovencito decía a mis novias de entonces que algún día escribiría un libro para que los hombres aprendieran a enamorar. Esa ilusión inmadura de los veinte años se transformó, a los cincuenta, en una de mis obras más valorada y traducida. Supongo que será porque defender que *el arte de enamorar es el arte de mejorar* es una idea válida para todos los tiempos y todas las culturas.

2001 - SEXO SABIO

Escribí el libro con la limitada práctica y la mucha teoría que tenía sobre el tema. A pesar de ello *Sexo sabio* tuvo una gran acogida y dio lugar a un programa de radio y a otro de televisión. Desde entonces quedé mediáticamente asociado a la sexualidad aunque, mis libros posteriores han conseguido que mi imagen pública actual esté más asociada a *El secreto de la autoestima* que a los secretos del sexo.

2006 - AMOR AL SEGUNDO INTENTO

Es una obra extensa y profunda dedicada al complejo mundo de la pareja estable. Suerte que la aceptación obtenida compensa el esfuerzo realizado. Sé que su lectura ha servido para que unas parejas se separen, otras se reconcilien y algunas se soporten mejor. Pero como digo en uno de mis pensamientos sobre el tema «cuando el amor te deja tú te encuentras y cuando tú te encuentras, el amor ya no te deja». En sintonía con esa reflexión el libro sirve para que el sufrimiento amoroso del pasado pueda convertirse en un aprendizaje vital que facilite el éxito de los amores del futuro.

2010 - PETER PAN PUEDE CRECER

Una de las problemáticas más frecuentes, que he atendido como terapeuta, es la de los hombres que sufren el síndrome de Peter Pan. Peter Pan es un entrañable personaje teatral y cinematográfico que nunca existió, aunque su perfil sirve para definir a los hombres inmaduros que no quieren crecer. Pero como mi teoría es que la mayoría de ellos *no quieren porque no saben*, en este libro les ofrezco un programa de autoayuda fundamentado en la Terapia Vital que permite superar las carencias afectivas del pasado, aprendiendo a utilizar las herramientas psicológicas que nos ayudan a mejorar.

2015 - EL SECRETO DE LA AUTOESTIMA

Este es quizá el libro en el que digo más cosas útiles y novedosas, puesto que planteo un nuevo concepto de autoestima y una nueva teoría de la seguridad personal fácil de entender y de aplicar. Quien lo lea, encontrará no solo las causas de sus posibles inseguridades sino también un método de autoayuda que posee la virtualidad de transformar el sufrimiento en un aprendizaje vital que favorece la maduración personal.

2019 - EL SÍNDROME DE LAS SUPERMUJERES

Las supermujeres tienen el problema opuesto al de los hombres Peter Pan. A ellos les falta autoestima y por eso no se sienten queribles y ellas, por contra, comprueban como su excelencia personal afecta negativamente a sus expectativas amorosas porque los hombres prefieren ser admirados que ser admiradores. Por eso, para que los hombres y las mujeres del futuro puedan seguir viviendo amores sintónicos, decidí escribir este libro, dedicado a las supermujeres que aportaron su testimonio sobre esta emergente problemática y que con su valiosa información me ayudaron a tipificar el síndrome.

2021 - TUS 4 PODERES

Este libro está concebido como una continuación, ampliación y profundización de *El Secreto de la autoestima* puesto que propone un programa de crecimiento interno fundamentado en los cuatro potenciales psicológicos que todos poseemos y podemos desarrollar: *la inteligencia, la actitud positiva, la voluntad y la bondad.* Si te interesa convertirte en el principal responsable de la resolución de tus problemas, estos cuatro poderes te ayudarán a conseguirlo.

2022 - 1000 CITAS QUE INVITAN A PENSAR

Sin duda es mi libro más brillante porque no está hecho con mi inteligencia sino con otras superiores. Mi único mérito ha consistido en aplicar un principio de psicología dinámica que dice «nadie sabe tanto como todos juntos» y poner a disposición del lector los mejores aforismos y reflexiones de los que saben mucho. Quien lo lea, además de enriquecerse con grandes pensamientos ajenos que le ayudarán a potenciar los propios, encontrará ideas que facilitan la resolución de la mayoría de los problemas de la vida cotidiana porque como decía San Juan de la Cruz «buscad leyendo y hallaréis meditando».